ÉLOGE FUNÈBRE

DE

MADAME LA COMTESSE

DE RIOCOUR

13 MAI 1886.

ÉLOGE FUNÈBRE

DE

MADAME LA COMTESSE

DE RIOCOUR

13 MAI 1886.

————◆◆◆————

MES FRÈRES,

En présence des restes vénérés de haute dame
Marie-Joseph de Bruneteau de Sainte-Suzanne,
comtesse de Riocour, je veux vous dire quelques
mots d'une vie qui a été une vie de foi, d'une mort
qui a été la mort d'une prédestinée.

Une voix plus autorisée que la mienne devrait
se faire entendre aujourd'hui, celle de Monsei-
gneur l'Evêque de Châlons ; mais Sa Grandeur a

fait savoir que les exigences de la tournée pastorale « lui interdisent la consolation de venir ici bénir les restes de celle qui n'est plus, leur rendre un hommage public, lui interdisent de venir pleurer avec ses enfants en deuil ».

Oui, Mes Frères, pendant les onze années qu'il m'a été donné de voir et d'approcher celle que nous pleurons aujourd'hui, j'ai toujours reconnu, même à travers ce que je pourrais me permettre d'appeler les traits de fierté de la grande dame, j'ai toujours reconnu la femme de foi qui inclinait son intelligence et son front devant la majesté divine, et qui savait voir des frères dans tous les hommes. Sa foi, elle se manifestait dans son respect pour le saint sacrifice de la messe : jamais l'heure matinale ne l'empêcha d'y assister, même en semaine, et j'ose affirmer que jamais elle n'y manqua par le seul fait de la négligence. Sa foi, elle se manifestait dans le soin pieux avec lequel elle se préparait à la réception des sacrements.

Sa foi, Mes Frères, s'est manifestée avec tout son éclat dans l'expression de ses dernières volontés. J'ai demandé à la famille la permission de transcrire ici pour vous et pour l'édification de vos âmes, une page de son testament. Ecoutez bien ces paroles ; on croirait entendre un écho du langage apostolique :

« Au nom du Père, et du Fils, et du Saint-

« Esprit. Je déclare mourir dans l'Eglise catho-
« lique, apostolique et romaine, dont j'affirme
« encore la puissante orthodoxie, suppliant mon
« Sauveur Notre Seigneur Jésus-Christ, de m'ap-
« pliquer à ma mort les mérites de sa divine pas-
« sion et de sa sainte rédemption, lui demandant
« pardon de tous mes péchés, et la grâce de mou-
« rir après l'avoir reçu une dernière fois en pleine
« connaissance, munie des sacrements et de l'in-
« dulgence plénière, assistée de la protection de la
« sainte Vierge, ma patronne, et de celle de saint
« Joseph et de tous les saints qu'on invoquera
« pour le salut de mon âme. Je charge mes fils de
« faire célébrer deux mille messes pour moi, mille
« encore pour leur digne père dont les exemples
« de piété et de vertu doivent être l'objet de leur
« constant souvenir et de leurs efforts incessants
« pour l'imiter dans le cours de leur vie. Mes
« belles-filles, ainsi que mes petites-filles, vou-
« dront bien ne pas m'oublier dans leurs prières. »

Mes Frères, la manière dont les souhaits si no-
blement exprimés par Mme la comtesse de Riocour
se sont réalisés, est une nouvelle preuve de la
fidélité de Dieu à exaucer les prières de ses enfants.
Je vous ai dit dimanche dernier comment elle avait
reçu les sacrements étant en pleine possession de
ses facultés : chose d'autant plus merveilleuse que

depuis plusieurs jours ces mêmes facultés paraissaient comme endormies. Cette lucidité parfaite contribuait à rendre plus admirable encore le calme qui paraissait sur son visage et qui n'était que le reflet de la paix intérieure dont elle jouissait dans son âme. Ses enfants, témoins de ce spectacle, en étaient, comme moi et plus que moi, émus, attendris. Comme moi, ils voyaient dans cette fin si douce d'une maladie si cruelle, une récompense de la foi de leur pieuse mère.

Lorsque le moment de l'administration fut venu, je dis à la malade que nous allions demander pour elle au Dieu tout-puissant de lui rendre la santé, de la conserver longtemps encore à l'affection de ses enfants et petits-enfants, à l'affection de tous ceux qui la connaissaient. « Je suis entre les mains « de Dieu, me répondit-elle, que sa sainte volonté « soit faite. » Vous avez raison, repris-je alors, rien n'est plus grand, rien n'est plus généreux, rien n'est plus agréable à Dieu que de lui faire le sacrifice de sa vie ; par cette disposition vous devenez la sœur des martyrs en offrant votre vie à Dieu, à leur exemple, librement, volontairement, étant en pleine possession de vos facultés : c'est un sacrifice d'une puissante valeur expiatrice.

Après avoir reçu les onctions saintes, Mme la comtesse de Riocour, avec une présence d'esprit

merveilleuse, voulut charger le pasteur d'un mes-
sage de paix auprès de la paroisse.

« Faites savoir à tous les habitants de ce pays,
« me dit-elle d'une voix très douce, mais encore
« ferme, combien j'ai eu pour eux d'affection ; si
« je les ai offensés en quelque chose, si je les ai
« scandalisés en quoi que ce soit, dites-leur de ma
« part que j'en fais amende honorable, demandez-
« leur de me pardonner afin que Dieu me par-
« donne. »

A peine avait-elle fini de parler, qu'elle retomba
dans son engourdissement, et ses dernières heures
ne furent plus qu'un doux sommeil.

Son âme, j'en ai la confiance, est allée rejoindre
dans le sein de notre Dieu « celui qui, pendant plus
de quarante ans, avait embelli sa vie. »

Avec ces deux vies qui s'éteignent, c'est une
génération qui disparaît ; mais on peut dire qu'elle
vivra longtemps encore dans les souvenirs et dans
les cœurs. « *Memoria justorum in benedictione
erit :* la mémoire des justes sera bénie de tous. »

Une chose cependant adoucit nos regrets en présence de cette double fin de vie : c'est la pensée
que ceux que nous pleurons laissent derrière eux
de dignes héritiers de leur nom, de leur bienfai-
sance et de leurs vertus.

Vitry-la-Ville, le 13 Mai 1886.

Châlons, imp. Martin frères.

www.ingramcontent.com/pod-product-compliance
Lightning Source LLC
LaVergne TN
LVHW010911180726
843502LV00010B/4089